PRIX : 0,25 CENT.

UN CRI D'ALARME !

PARIS

DELHOMME & BRIGUET, 13, RUE DE L'ABBAYE

LYON

...RIE BRIDAY
... BRIGUET, SUCC^rs
...de l'Archevêché

IMPRIMERIE-LIBRAIRIE
E. PARIS, PHILIPONA & Cie
Rue Condé, 30.

1885

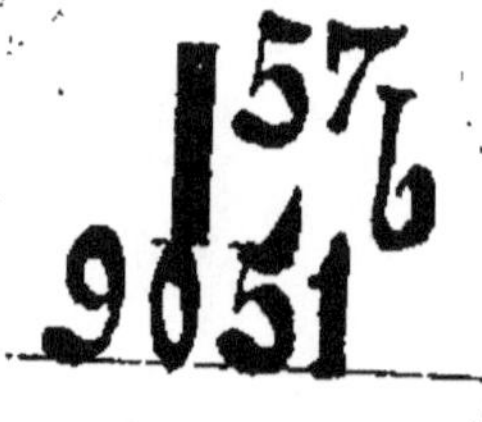

Prière de propager le **Cri d'alarme !**

et d'encourager l'enquête.

LA DÉPOPULATION DE LA FRANCE

UN CRI D'ALARME !

À tous les Pères de Famille Français

LA DÉPOPULATION DE LA FRANCE

PARIS

DELHOMME & BRIGUET, 13, RUE DE L'ABBAYE

LYON

LIBRAIRIE BRIDAY

DELHOMME & BRIGUET, SUCC^{rs}

3, avenue de l'Archevêché.

IMPRIMERIE GÉNÉRALE

E. PARIS, PHILIPONA & Cie

Rue Condé, 30.

UN CRI D'ALARME!

—

A TOUS LES PÈRES DE FAMILLE FRANÇAIS

LA DÉPOPULATION DE LA FRANCE

—

Cédant aux vœux qui nous sont exprimés par des Sociétés diverses et par des personnages éminents, nous nous faisons un devoir de publier l'étude suivante.

Ce travail, lu d'abord à la Société nationale d'Education de Lyon, dans sa séance du 11 juin 1885, a été complété après communication à plusieurs autorités compétentes, et lu ensuite au groupe lyonnais des Unions de la Paix sociale, le 27 novembre 1885.

Dans un Etat démocratique, les grandes vérités sociales ne doivent pas rester enfermées dans le cercle des Sociétés savantes.

Il faut qu'elles soient divulguées. Il faut que les électeurs soient suffisamment éclairés pour choisir de bons législateurs et conjurer la ruine de la patrie.

Les Editeurs :

E. Paris, Philipona et Cie

Delhomme et Briguet.

A tous ceux qui ont souci des intérêts, de l'honneur et de l'avenir de la France.

———

CHER ET TRÈS HONORÉ CONCITOYEN,

Je ne sais si vous connaissez la plaie nationale sur laquelle mes yeux ont été ouverts, l'année dernière, par les travaux de la *Société d'Economie sociale.*

Je l'ignorais, comme beaucoup l'ignorent peut-être encore.

Depuis qu'on me l'a signalée, la vue d'un si grand mal m'obsède, et j'éprouve le besoin de crier.

J'éprouve le besoin de crier comme un fils alarmé en voyant couler le sang de sa mère.

Heureux si je puis éveiller votre voix, plus puissante assurément que la mienne !

Avant de vous adresser cette lettre, j'ai voulu la soumettre au contrôle de quelque Sociétés savantes, et maintenant que je suis sûr de ne pas vous importuner d'alarmes vaines, je viens solliciter, avec instance, quelques instants d'attention, vous suppliant de surmonter la répugnance que des tableaux de chiffres soulèvent.

*
* *

En vous exposant l'analyse de quelques-uns des travaux publiés sur la question capitale de la population, je ne prétends que me faire l'écho, dans un but patriotique, d'un cri d'alarme poussé pour la première fois il y a trente ans, répété avec une intensité graduellement croissante dans les revues savantes et dans des publications spéciales, et que deux journaux de Lyon, le *Salut public* et le *Nouvelliste*, rappelaient il y a quelques mois.

Je vous demande pardon de venir inviter vos regards à se fixer sur un tableau lamentable : la *dépopulation de la France,* et de vous introduire brusquement sur l'aride terrain des chiffres, où je ne saurais semer des fleurs.

Votre patriotisme éclairé rendra justice à mes intentions qui, je l'espère, grâce à votre concours, ne resteront pas sans effet.

Ouvrons un dictionnaire d'histoire et de géographie, l'un quelconque de ceux que feuillettent journellement nos écoliers, la dernière édition de celui de Grégoire, par exemple.

— Il nous sera facile de construire le tableau suivant, faisant connaître la variation de densité de la population en Europe, de 1866 à 1883.

EXTRAIT
du « Dictionnaire historique et géographique » de Grégoire

Le nombre d'habitants par kilomètre carré était, en Europe :

	En 1866	En 1883	Accroissements proportionnels	Rapports de ces Accroissements
Pour la Belgique	164	187	0, 1402	5
Pour les Pays-Bas	104	125	0, 2019	7
Pour l'Angleterre	94	112	0, 1915	6, 5
Pour l'Italie	84	96	0, 1429	5
Pour la France	69	71	0, 0290	1
Pour l'Allemagne	68, 6	84	0, 2245	8
Pour la Suisse	62	69	0, 1129	4
Pour l'Autriche	55	61	0, 1091	4
Pour le Danemark	42	51	0, 2143	7
Pour le Portugal	28	46	0, 2153	7
Pour l'Espagne	31	33	0, 0645	2
Pour la Turquie, Roumanie, Serbie, Montenegro	31	31	0, 0000	9
Pour la Grèce	26	31	0, 1923	6, 5
Pour la Russie	12	16	0, 3333	11, 5
Pour la Suède et Norwége	7, 2	8, 2	0, 1380	5

Les nombres de la quatrième colonne nous montrent que, la Turquie mise à part, le coefficient d'accroissement de densité de la population en France est tout à fait au dernier rang. — Il est à peine la moitié de celui de l'Espagne, le quart de ceux de l'Autriche et de la Suisse, le cinquième de ceux de la Belgique et de l'Italie ; il n'atteint pas le sixième de ceux de l'Angleterre et de la Grèce ; il est environ le septième de ceux des Pays-Bas, du Portugal et du Danemark, le huitième de celui de l'Allemagne, et enfin n'arrive pas au onzième de celui de la Russie.

J'ai demandé autour de moi, avec stupéfaction, si tout cela était bien vrai.

On m'a conseillé de demander la réponse au *Dictionnaire encyclopédique des sciences médicales* en cours de publication, article *France*.

Cette réponse, hélas ! est plus navrante que la première.

La voici :

Le coefficient d'accroissement de la population française est de beaucoup le plus faible, en Europe, même sans tenir compte de l'émigration, parce que la **natalité diminue.**

La natalité diminue même dans des

*départements où le nombre des ma-
riages augmente* (1).

Voilà pour le présent.

LE DOCTEUR BERTILLON

Examinons maintenant le passé, qu'i
nous suffira de remonter de deux siècles
pour entrevoir la cause de notre déchéance.
Prenons pour guide le docteur Bertillon, professeur de démographie à l'Ecole
d'Anthropologie et chef des travaux de
statistique municipale de la ville de Paris.
Le docteur Bertillon n'est pas un statis-
ticien fantaisiste. Il fait autorité dans
l'*Annuaire du Bureau des Longitudes*.

« A la fin du XVIIᵉ siècle, dit-il (2), la
« France était, non la plus vaste en éten-
« due, mais la plus peuplée des mo-
« narchies européennes. Sa population
« formait les 38 centièmes de la popula-
« tion totale des grandes puissances. Ce
« chiffre, qui représente notre force éco-
« nomique et notre force militaire, mon-

(1) Page 545.
(2) *La statistique humaine de la France* Paris, Germer-
Baillère.

« tre assez de quel poids devait être la
« volonté de Louis XIV. »

On sait ce qu'a fait la volonté trop
absolue du Grand Roi de la riche moisson
d'hommes que lui léguait le chaste Louis
XIII.

Il éblouit et domina le monde, il est
vrai, du moins tant que vécut à son service la vigoureuse génération du siècle
précédent.

Mais, outre la ruineuse consommation
d'hommes et d'argent que firent la guerre
et le luxe, la vie privée du monarque
viola publiquement la sainteté du foyer
chrétien.

Ce ne fut pas sans de graves dommages
sociaux que la polygamie s'installa publiquement au foyer royal.

Les courtisans imitèrent les exemples
du prince.

Le désordre des mœurs gagna toutes
les hautes classes.

Le mot de *régence* devint plus tard
synonyme de corruption, et la vigueur de
la France s'amoindrit, avec sa gloire, dans
les hontes du règne de Louis XV et du
gouvernement de ses concubines.

La corruption des mœurs enfanta l'im-
piété. Une armée de sophistes encouragés
par les *Grands* assaillit de toutes parts la

religion mal défendue, et sema les plus funestes erreurs philosophiques et sociales sur les ruines des traditions séculaires.

La corruption des principes, ajoutée à celle des mœurs, dans la classe dirigeante, rendit impossible toute sage réforme.

Le torrent révolutionnaire déchaîné emporta dans ses flots le vertueux Louis XVI et tous les réformateurs modérés, impuissants à le diriger.

Le tourbillon vertigineux éleva tour à tour au sommet du pouvoir des déclamateurs enthousiastes, des matérialistes grossiers et des sectaires violents qui prétendaient façonner à coups de hache une humanité nouvelle, sans tenir même compte de la nature humaine. Ils ont essayé d'arracher et de noyer dans le sang, pêle-mêle avec les abus, les institutions les plus indispensables à la vie de l'humanité : *la souveraineté de Dieu* dans la société et *celle du père*, son délégué dans la famille. Ils ont voulu substituer à ces autorités protectrices et immuables l'autorité tyrannique et changeante de l'*Etat*, divinité qui prend corps sous mille formes diverses, au gré des multitudes qui se débarrassent de leurs maîtres, ou des nouveaux maîtres assez habiles pour asservir les multitudes par la ruse ou la terreur, et les exploiter au profit des serviteurs du nouveau Dieu.

Les erreurs des sophistes se sont malheureusement incarnées dans nos lois, et ce sont ces erreurs qui nous font déchoir et nous dépeuplent, plus encore que les vices du dernier siècle et que les guerres qui nous ont moissonnés.

Nous allons en juger.

Revenons au docteur Bertillon :

« En 1789, la France avait un territoire
« plus considérable que sous Louis XIV
« et elle comptait 26 millions d'habitants,
« soit 6 à 7 millions de plus qu'en 1698.
« Cet excès venait en partie de l'annexion
« de la Lorraine et de la Corse, mais
« surtout de l'augmentation spontanée de
« la population. Malheureusement, la po-
« pulation des autres nations augmentait
« plus vite encore, soit par des annexions
« plus importantes que celles de la France,
« soit parce que leurs naissances étaient
« déjà, à cette époque, plus nombreuses
« que les nôtres. Sur un total de 96 mil-
« lions, notre pays comptait pour 27
« centièmes seulement. »

Nous voilà donc descendus, pendant le siècle de corruption, mais sous des lois qui respectaient l'autorité du père de famille, de 38 à 27 pour cent.

Examinons maintenant la pente descendue pendant le siècle soumis à la domination légale de l'erreur, sous l'empire de la loi qui, après avoir plus ou moins, sauf des restitutions intermittentes, dépouillé *Dieu* de son autorité dans l'Etat, a dépouillé le *père* de son autorité dans la famille.

En 1815, la France ne possédait plus que les 20 centièmes de la population de l'Europe.

« Depuis lors, continue le docteur Ber-
« tillon, le mal n'a cessé d'empirèr ; la
« France ne perd rien de son territoire,
« mais sa population croît misérablement.
« Au contraire, nos voisins s'agrandis-
« sent, multiplient, peuplent des conti-
« nents...

« En 1880, sur 270 millions, total de
« la population des six grandes puissances
« de l'Europe (l'Angleterre, l'Autriche,
« l'Empire allemand, la Russie d'Europe,
« l'Italie, la France y comprise), notre
« pays ne figure plus que pour 13 sur
« cent. »

M. CHEYSSON — M. CH. RICHET

M. LEVASSEUR
MEMBRE DE L'INSTITUT

Donnons la parole, pour répéter et récapituler tous ces chiffres avec clarté, à M. Cheysson, ingénieur en chef des mines et président de la Société de statistique de France :

Sous Louis XIV, vers 1700, la monarchie française, avec ses 19 millions d'habitants, figure pour 38 centièmes dans le total des populations des trois grandes puissances (France, Angleterre, Confédération germanique).

En 1789, la Russie entre en scène avec ses 25 millions d'habitants, et la France, malgré l'annexion de l'Alsace et de la Lorraine, ne représente plus que 27 pour cent de la population des quatre grandes puissances.

En 1815, après la Révolution et les guerres de l'Empire, la Prusse entre en ligne dans le concert des grandes puissances et la France y est réduite à 20 pour cent.

En 1877, l'avénement de l'Italie porte à six le nombre des grandes puissances et fait descendre à 14 pour cent la part de notre pays.

D'après le docteur Bertillon, nous ne valons que 13 pour cent en 1880.

Mais, dans ce bilan international, nous n'avons plus le droit de négliger les Etats-Unis, dont la population marche plus vite encore que chez tous nos rivaux, son mouvement propre étant accéléré par les flots d'émigrants que déverse sur ces pays neufs le trop plein de la vieille Europe. En comptant les Etats-Unis comme septième grande puissance, la part proportionnelle de la France tombe à 11 pour cent en 1882.

Si nous ne changeons pas d'allure et si l'accroissement des populations en présence suit la même loi qu'aujourd'hui, nous serons réduits à 7 pour cent en 1932, dans le total des sept grandes puissances.

Ce résultat est donné par M. Charles Richet dans un vigoureux travail publié par la *Revue des Deux-Mondes* du 15 avril et du 1er juin 1882.

Le diagramme ci-joint, construit d'après celui de MM. Levasseur et Lafabrègue, peint aux yeux, ce que nous venons d'exposer (1).

____

(1) Voir le rapport de M. Cheysson dans la *Réforme sociale* du 1er juillet 1883.

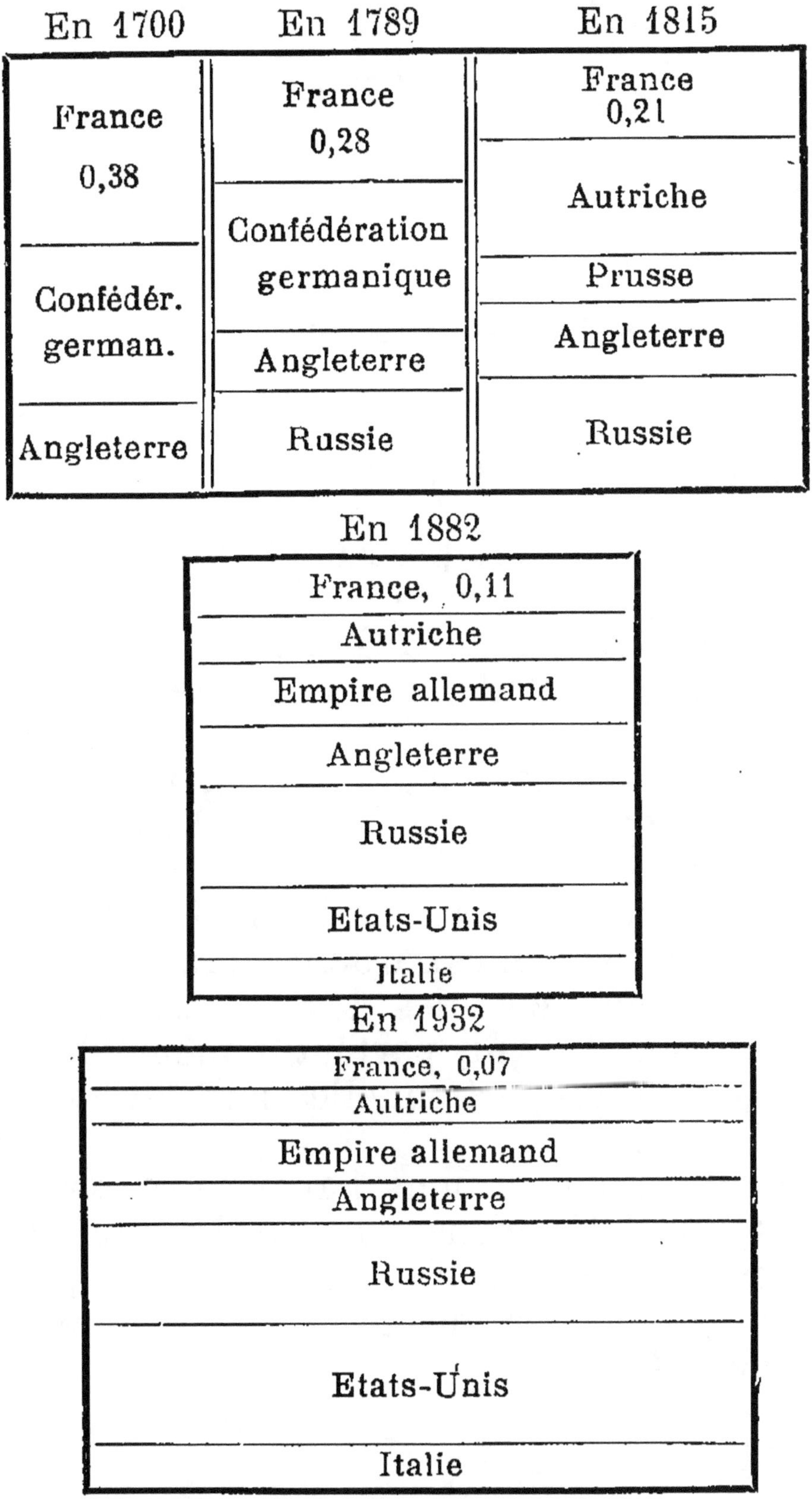

En 1700
France 0,38
Confédér. german.
Angleterre

En 1789
France 0,28
Confédération germanique
Angleterre
Russie

En 1815
France 0,21
Autriche
Prusse
Angleterre
Russie

En 1882
France, 0,11
Autriche
Empire allemand
Angleterre
Russie
Etats-Unis
Italie

En 1932
France, 0,07
Autriche
Empire allemand
Angleterre
Russie
Etats-Unis
Italie

M. LE PLAY — M. LEROY-BEAULIEU

Mais ce n'est pas tout.

Les calculs qui précèdent ne tiennent compte ni des colonies anglaises, ni de la Russie d'Asie, ni de la Chine avec laquelle l'Europe doit s'attendre à compter tôt ou tard.

La Chine, ne l'oublions pas, possède, avec ses tributaires, plus de 400 millions d'habitants.

Que serons-nous dans le monde, si les puissances actuelles gardent leurs territoires avec leurs colonies, lorsque les populations ayant acquis partout la même densité seront proportionnelles aux territoires?

M. Le Play va nous l'apprendre, avec tous les statisticiens, dans le diagramme suivant, où les chiffres marqués sur chaque figure, expriment des millions de kilomètres carrés.

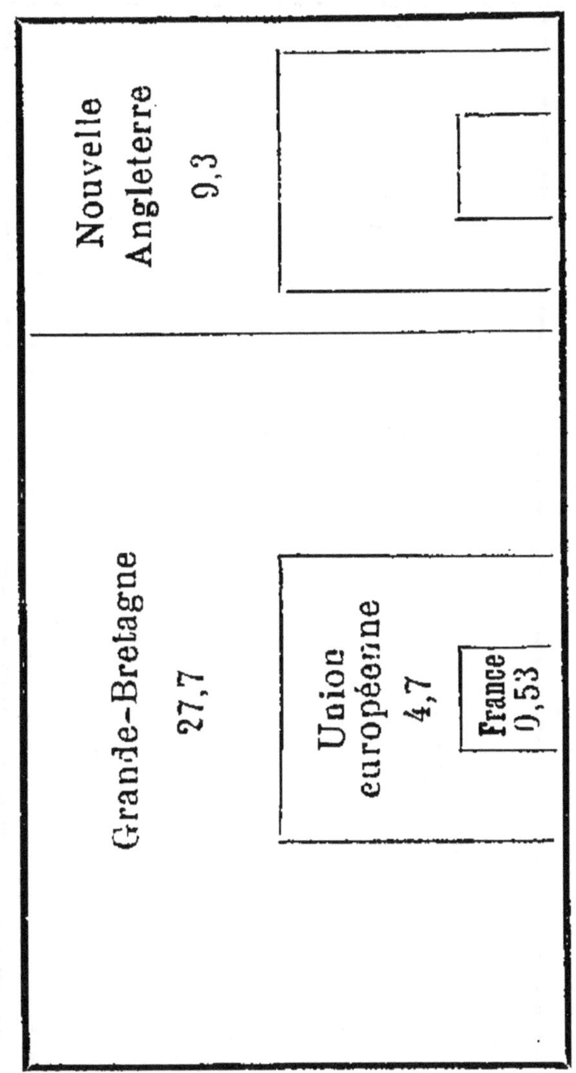

M. Le Play suppose que les petits Etats
(Suède et Norwége, Danemark, Confédé-
ration prussienne, monarchie autrichienne,
Néerlande et Belgique, Confédération
suisse, France, Espagne, Portugal, Italie,
Grèce, Turquie d'Europe) auront assez de

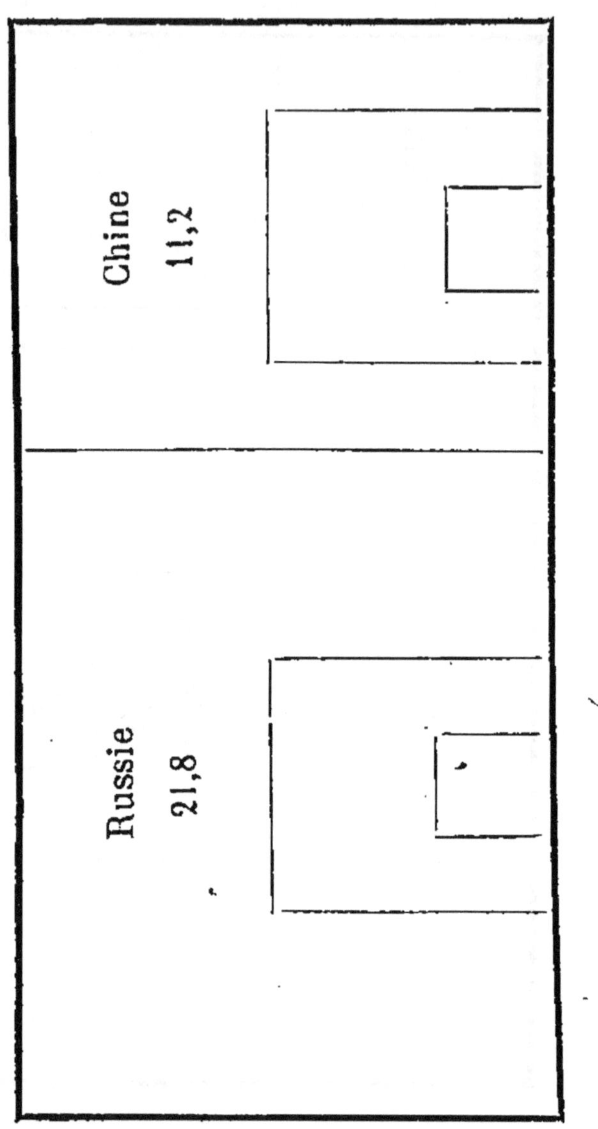

·sagesse pour se confédérer afin de vivre en paix à côté des grands empires qui sont : la Grande-Bretagne et ses colonies, la Nouvelle-Angleterre et ses confédérés, la Russie d'Europe et d'Asie, la Chine et ses tributaires. Il appelle cette Confédéra-

ion l'*Union européenne*, et le diagramme
'ait voir ce qu'elle serait dans chacun des
grands empires et la place qu'y occuperait
a France.

Tels sont les tristes horizons que nous
montre la lenteur de notre accroissement à
côté du développement des autres peuples.

Cette affligeante perspective inspire à
M. Paul Leroy-Beaulieu de pénibles ré-
flexions :

« C'est toujours par voie de comparai-
« son, dit-il, que se classent les nations
« dans le monde. Quand l'une d'elles
« grandit plus rapidement qu'une autre,
« quels que soient les progrès de cette der-
« nière, celle-ci déchoit rapidement, et il
« est impossible à ceux qui lui appartien-
« nent de ne pas éprouver quelque tris-
« tesse devant cette sorte de déchéance. »

La déchéance actuellement constatée
est assez grave pour affliger tout cœur où
l'égoïsme n'a pas éteint l'amour de la patrie :

*La France avait, il y a 200 ans, les
38 centièmes du sang européen. Elle n'en
avait plus que les 12 centièmes en 1882 !
Voilà le fait brutal.*

LES CRIS D'ALARME

LE P. TOULEMONT

La stérilité calculée des mariages est la cause de ce désastre.

Il suffit, pour s'en convaincre, de consulter l'Annuaire du Bureau des Longitudes de 1885. On y voit, page 501, que le nombre moyen de naissances par mariage, qui était 4,2 en 1811, s'est graduellement abaissé jusqu'à 3,1 en 1882.

La plaie, sensible surtout dans les riches campagnes, s'y étend comme les taches de phylloxera dans les vignobles.

Connaissez-vous un fléau plus dévastateur que celui qui ravage notre France ? La peste et la guerre coalisées ont-elles jamais fait pareille moisson d'hommes ? Les statisticiens ne le croient pas.

Tout, chez nous, est en ce moment menacé de ruine, nous disent les journaux : l'agriculture, le commerce, l'industrie sont en détresse, et l'excès croissant des importations nous enlève nos anciennes réserves de richesse.

Mais y a-t-il, pour une nation, un apauvrissement plus lamentable et plus désastreux que celui du sang ? Que peuvent devenir, sans têtes et sans bras, la science, l'armée, les arts, le commerce, l'industrie, l'agriculture, l'indépendance et la gloire d'un peuple ?

Beaucoup de cris d'alarme ont déjà retenti.

Le premier, poussé par M. Léonce de Lavergne, est sorti de l'affligeant recensement de 1856. — Depuis la Restauration jusqu'à 1846, la progression moyenne annuelle de la population s'était maintenue à 200 mille âmes environ. Elle était descendue à 60 mille pendant la période décennale de 1846 à 1856. *Cent quarante mille âmes de moins par an !*

Le plus éloquent de ces cris d'alarme et le plus énergiquement motivé est celui du Père Toulemont :

« Est-il possible, juste ciel ! que l'ef-
« froyable mal soit à ce point général, ha-
« bituel, qu'*il fasse comme loi* dans une
« vaste portion de la France, et que les
« étrangers nous le jettent à la face comme
« un outrage ?...

« Ce que j'affirme, parce que je le
« vois avec une évidence éblouissante
« comme les lueurs de la foudre, c'est que
« le mal est grand ! Il est si grand et si
« effrayant que, si l'on ignorait les méri-
« tes incomparables de la France, ce se-
« rait assez pour la déclarer maudite et
« pour désespérer à jamais de son avenir !
« Car, encore une fois, à la sinistre lu-
« mière des chiffres et des faits, il faut
« bien voir que cet affreux désordre est
« comme le mal propre et caractéristi-
« que de la France...

« Je supplie quiconque lira ces pages
« de croire qu'en parlant de la sorte, je
« ne me suis point laissé entraîner par
« l'intempérance d'un zèle amer, ni sur-
« tout par je ne sais quelle pensée insul-
« tante pour la France ! Non ! non ! ce
« qui m'a inspiré ce langage, c'est, tout
« au contraire, le plus fervent amour de
« la France ; c'est la douleur la plus res-
« pectueuse et la plus filiale ; c'est l'ar-
« dente conviction d'un patriotisme ravivé
« à ses sources les plus pures et les plus
« élevées !... Voilà pourquoi je n'ai pu
« comprimer ces cris déchirants. Heureux,
« du moins, si ces cris retentissent dans
« quelques âmes pour y provoquer une ré-
« flexion salutaire ! »

A ces cris éloquents sortis de l'Institut et de l'Eglise s'ajoutent ceux des Sociétés savantes, médicales, économiques statistiques et sociales ; celles des publications les plus autorisées : Revues spéciales d'économie politique, *Revue des Deux Mondes, Correspondant, Réforme sociale*, etc.

Terminons ce paragraphe par une citation du *Dictionnaire encyclopédique des Sciences médicales*.

Dans le volume *France*, page 557, l'auteur de l'article *Démographie* met en évidence notre plaie par un luxe trop convaincant de tableaux comparés.

Après avoir, dans sa conclusion, accusé la cruauté tacite de nos mœurs et de nos lois, il signale nos maux au législateur, et, « par dessus tout, ce fait démographi-
« que *si* UNIVERSELLEMENT *présenté* par
« nos départements, *si prononcé, si con-*
« *tinu,* depuis le commencement du siè-
« cle, et *si désastreux, si inquiétant,*
« PUISQU'IL MENACE DE RÉDUIRE A UNE
« PROPORTION MINUSCULE LA NATIONALITÉ
« FRANÇAISE : LA DECROISSANCE CON-
« TINUE DE SA NATALITÉ, *son accrois-*
« *sement réduit à n'être que le tiers, le*
« *quart ou même le cinquième* de celui
« des Anglais et des Allemands ! ! »

M. CH. GRAD. — LE DOCTEUR POITOU-DUPLESSY
LES COLONIES

Permettez-moi de vous ramener sur le terrain des chiffres, pour y faire quelques nouvelles comparaisons. Nous jetterons ensuite un coup d'œil sur les colonies.

En 1801, l'Angleterre ne comptait pas 9 millions d'habitants. En 1872, elle en comptait plus de 23 millions et avait répandu dans le monde entier près de 5 millions d'émigrants. Sa population avait plus que triplé en 70 ans.

Pendant ce temps, la pauvre race française ne s'est pas même accrue d'un tiers !

M. Charles Grad, député d'Alsace au Reichstag, vient de publier dans la *Nature* un article important sur l'accroissement comparé de la population en Allemagne et en France.

De 1820 à 1880 la progression, abstraction faite de l'émigration et de la perte de l'Alsace-Lorraine, a été comme suit :

	France	Allemagne
1820	30.471.875	26.291.606
1840	34.230.178	33.783.150
1860	36.713.166	37.745.187
1880	37.321.186	45.234.061

En Allemagne, comme en Angleterre, chaque mariage donne en moyenne 3 enfants, tandis qu'il n'en donne que 2 en France.

Comparons d'une autre manière la puissance de vitalité des nations européennes.

La période de doublement de la population est :

Pour la Russie . . . . 50 ans
Pour la Suède et pour la Norwége 52 »
Pour l'Angleterre et pour la
  Prusse. . . . . 55 »
Pour la Belgique . . . . 79 »
Pour l'Italie . . . . 84 »
Pour l'Espagne. . . . . 104 »
Pour l'Autriche. . . . . 110 »
Pour la France . . . . 183 »

Toujours la France au dernier rang ; bien loin de l'Autriche qui la précède immédiatement, mais à une distance effrayante de la Prusse, de l'Angleterre et surtout de la Russie!

Trouvons-nous une compensation dans la population de nos colonies? Vous savez bien que non.

En présence des 5 millions d'émigrants que l'Angleterre a répandus dans le monde de 1801 à 1872, le nombre des nôtres est insignifiant.

Non seulement la France n'émigre pas au dehors, mais c'est du dehors qu'on émigre chez elle. Elle nourrit en ce moment plus d'un million d'étrangers : Allemands, Belges, Suisses, Espagnols, Italiens, qui l'envahissent peu à peu par voie d'infiltration.

Notre colonie africaine renferme plus d'Italiens, d'Espagnols et de Maltais que de Français. Il y a, dit le cardinal Lavigerie, moins de colons français que nous n'y avons enterré de soldats.

Et lorsque nous aurons enterré au Tonkin nos meilleurs soldats et nos millions, le peuplerons-nous de colons intelligents et laborieux sortis, comme les Anglais, de familles prospères qui vont faire souche à l'étranger ?

Demandons la réponse au docteur Poitou-Duplessy, médecin principal de la marine, dans un rapport fait à la Société d'Economie sociale, le 8 décembre 1884 :

« J'ai voyagé jeune, par suite des né-
« cessités de ma carrière et du service de
« l'Etat. J'ai parcouru bien des pays pen-
« dant vingt-cinq années de service mili-
« taire actif.

« Tout d'abord, au début de mes voya-
« ges, un fait m'a frappé, comme un bru-
« tal démenti à tout ce que je croyais...

« C'était l'époque où les guerres de Cri-
« mée et d'Italie, jetant un vif éclat sur
« nos armes, nous avaient redonné, en Eu-
« rope, ce rang de puissance prépondérante
« qui flattait notre amour propre national.
« Or, en parcourant le monde, il m'était
« impossible de n'être pas frappé de cette
« contradiction, que, tandis que nous te-
« nions en Europe la première place incon-
« testée, nous n'en tenions qu'une fort pe-
« tite dans le reste de l'univers ; et encore
« la considération que partout on nous té-
« moignait était-elle due moins peut-être
« à nos succès récents en Europe, qu'au
« souvenir de notre ancienne splendeur
« coloniale, de cette prospérité commer-
« ciale et maritime, dont partout hélas !
« je ne trouvais plus que des débris...
« J'étais, cependant, témoin de l'incroya-
« ble développement, de la prodigieuse
« richesse des colonies anglaises ; puis, à
« côté d'elles, j'admirais le superbe empire
« colonial des Hollandais à Java ; je voyais
« les Espagnols tenant encore une grande
« place dans la Malaisie par les Philippines,
« aux Antilles par Cuba et Porto-Rico,
« ayant, en somme, imposé leur langue et
« leur civilisation à toute l'Amérique du
« Sud. Je voyais cet immense empire du
« Brésil, rameau détaché et prospère de

« l'antique empire colonial des Portugais.

« Dans tous ces pays que nous parcou-
« rions, j'étais frappé de rencontrer des
« Anglais, des Américains, des Allemands,
« des Norwégiens, des Suisses, des Hol-
« landais, mais pas un Français, en dehors
« des personnages officiels.

« Sur les rades, nous voyions d'immenses
« clippers, de très fort tonnage, venus de
« New-York, de Liverpool, de Brême, de
« Hambourg, trouvant à leur arrivée des
« correspondants empressés, qui avaient
« déjà assuré le placement des marchan-
« dises qu'ils portaient dans leurs flancs,
« et leur avaient trouvé par avance leur
« fret de retour ; tandis que nos rares
« navires de commerce français, trop fai-
« bles d'échantillon et de tonnage, sans re-
« lations, sans amis, sans correspondants,
« se balançaient mélancoliquement sur
« leurs ancres, attendant un fret qui ne
« venait pas, et dévorés par les frais gé-
« néraux.

« Lorsque, après deux ou trois années
« passées entièrement dans ce pays de
« vie, d'initiative, de libre allure, d'acti-
« vité fiévreuse, nous touchions, pour
« rentrer en Europe, à quelque colonie
« française, à ce Bourbon, par exemple,
« pays enchanteur semblable à sa sœur

« l'Ile de France, chantée par Bernardin
« de Saint-Pierre, quel contraste et quelle
« désillusion ! ! quelle rade déserte ! ! —
« Et ce qui, tout d'abord, nous rappelait
« la patrie, c'était l'uniforme des douaniers
« inoccupés, venant s'assurer que nous
« n'avions pas sur nous plus de cigares
« que la consommation du jour, seule
« permise par la tolérance administrative.
« Un autre fait m'avait également frap-
« pé. Autour de moi, j'entendais bien
« souvent parler avec un dédain trop sou-
« vent justifié, malheureusement, des rares
« Français, non fonctionnaires ou officiers,
« que nous trouvions à l'étranger. Tandis
« que parmi les Anglais, les Américains,
« les Suisses, les Allemands, se trouvaient
« des jeunes gens instruits, de familles
« aisées, des commerçants sérieux, hono-
« rables, nous ne rencontrions guère, en
« fait de compatriotes, que des gens peu
« faits pour flatter notre amour propre
« national; le plus souvent sans ressources,
« sans appui, ou n'exerçant que des mé-
« tiers infimes ; des cuisiniers, des coif-
« feurs, de petits détaillants, des mar-
« chandes de modes, des aventuriers de
« passage ; de tristes épaves de notre ci-
« vilisation, de tristes représentants de
« notre commerce national. Je ne prétends

« pas qu'il n'y eût de rares et honorables
« exceptions, mais chacun sait que le
« propre des exceptions est de confirmer
« la règle.

« Disons-le tout de suite, pour qu'il ne
« nous reste plus qu'à en faire la démons-
« tration par les faits ; la cause presque
« unique de notre décadence maritime et
« de notre ancien esprit d'audace et d'ini-
« tiative, c'est la *désorganisation de la*
« *famille*, résultat fatal de nos lois de suc-
« cession. »

Nous n'émigrons pas... En 1882, l'Amérique a reçu 198 mille Allemands, 111
mille Anglais et 4 mille Français.

En Chine, dans les 16 ports ouverts au
commerce, il y a 5,000 Européens, sur les-
quels 300 Français. — Il y a 440 maisons de commerce, sur lesquelles 12 françaises de médiocre importance.

A Canton, à Shang-Haï, il y avait ce
qu'on appelle les concessions anglaises,
américaines et françaises, où les étrangers ne relevaient que de leurs consuls.
Le corps de police de la concession française
n'avait à protéger que des Allemands, des
Suisses, des Américains, des Anglais, qui
ne trouvaient pas de place sur leurs pro-
pres concessions. De Français, pas l'ombre !

« Nos émules débordent de toutes parts

« par leurs émigrations, ils s'emparent
« de la terre et la peuplent de leurs en-
« fants, tandis que nous, nous restons dans
« notre petite Gaule, encore rognée et
« amoindrie (1) ! »

Un rapport statistique officiel, que vient
de publier le Directeur de la sûreté générale au ministère de l'intérieur, nous ap-
prend que, pendant les années 1882, 1883
et 1884, *nos ports français* ont embar-
qué pour l'étranger moins de 13 mille
Français et plus de 154 mille Européens,
pour la plupart Suisses et Italiens. Les
Etats-Unis, le Brésil et la République
Argentine ont été les destinations les plus
recherchées. Peu sont partis pour l'Aus-
tralie, mais on n'a pas eu à relever dans
nos ports le départ d'un émigrant pour
les colonies françaises.

Le ministre de la marine a reçu depuis
deux ans, il est vrai, un grand nombre de
demandes de passage pour le Tonkin. Mais
on a repoussé ces requêtes, car ce ne sont
pas des cultivateurs hélas ! que le Tonkin
réclame à la France !

Faut-il s'étonner que notre commerce
extérieur tombe en décadence et semble
menacé d'une ruine prochaine, quand
notre population insuffisante ne peut aller

____

(1) *Dict. encycl. de la méd.*, vol. France, p. 558.

le défendre contre la concurrence étrangère ?

Ainsi donc, tout nous le crie, nous sommes déchus de notre rang et nous devons courber la tête en en faisant le triste aveu.

Le temps du chauvinisme est passé !

M. LE PLAY

Il se trouva pourtant un éminent économiste français que le dénombrement de 1856 ne surprit pas : M. F. Le Play, inspecteur général des Mines, plus tard sénateur, conseiller d'Etat et organisateur de nos plus belles Expositions universelles à Paris et à Londres.

Ses études approfondies sur l'organisation de la famille dans les divers pays de l'Europe et d'une partie de l'Asie, fortifiées par l'opinion des *autorités sociales* du monde entier, qu'il avait consultées, ne lui permettaient aucune illusion sur les inévitables conséquences de la désorganisation de la famille française. En faisant la synthèse des documents amoncelés par 25 ans d'études et de voyages, il avait distingué trois types de familles :

Celui de la famille *patriarcale ;*

Celui de la famille *souche*, le meilleur ;

Le pire, celui de la famille *instable,* caractéristique des peuples chasseurs et des sociétés désorganisées.

Il avait reconnu, hélas ! et courageusement déclaré, au plus fort de notre prospérité apparente, que c'était dans ce dernier type que tendait à se généraliser la famille française.

Il a consacré sa vie à démontrer par la seule méthode scientifique applicable à la question sociale — *l'observation* — que l'instabilité de la famille et la dépopulation sortaient inévitablement de nos lois comme des conséquences de leur principe, comme un funeste fruit de mort d'une semence empoisonnée.

La principale cause de l'instabilité de la famille française et de la dépopulation est cette loi tyrannique qui, consacrant la plus abusive usurpation de l'Etat, dépouille le père du pouvoir de conserver son atelier et son foyer, en imposant la liquidation sociale en permanence par le partage égal de *chaque nature de biens,* armant dès leur naissance les enfants contre le père, semant entre eux des germes de guerre et de ruine, et dressant enfin, armé de sa faux, le spectre de la stérilité calculée auprès de la couche conjugale, comme le seul gardien capable de défendre l'intégrité du foyer.

Mais n'anticipons pas.

*
* *

Si l'étude plus approfondie de notre plus grave question sociale : — *la Dépopulation,* — vous paraît digne d'une plus grande attention, nous pourrons la compléter par une nouvelle analyse des auteurs qui l'ont traitée et qui, profondément affligés de notre décadence, mais confiants dans la générosité de ce qui reste de sang vraiment français, voudraient émouvoir l'opinion et l'entraîner à la recherche des réformes capables de restaurer notre force et notre grandeur déchues.

Ces réformes ont été profondément étudiées et savamment exposées par M. Le Play.

Saluons les rapides progrès de l'Ecole qu'il a fondée : *l'Ecole de la Paix sociale!* C'est une lueur d'espérance au milieu de nos erreurs, de nos discordes, et des ruines accumulées par l'instabilité de vingt Constitutions écroulées les unes sur les autres en moins d'un siècle, sans avoir pu encore entraîner dans leur chute les institutions, meurtrières pour la famille, qu'elles ont édifiées dans un moment de vertige.

LE FLÉAU

Mais, surtout, dénonçons avec insistance la plus funeste de ces institutions : marquons au fer rouge, pour la vouer à la vengeance publique, la loi scélérate, antifrançaise, qui ravage notre population depuis près de cent ans. — Les vieilles coutumes de la France, qui sont restées celles des autres contrées de l'Europe, ont longtemps résisté, comme résiste à l'action d'un virus mortel une constitution robuste, mais les progrès de l'ulcère rongeur alarment depuis trente ans les esprits réfléchis et les cœurs généreux.

Ces esprits sensés ne comprennent pas que les diplomates anglais, en 1815, aient eu plus de clairvoyance que nous quand ils ont dit : « Nous pouvons, sans inquié-« tude, laisser aux Français leur terri-

« toire... *Ils s'affaibliront assez eux-*
« *mêmes avec leur loi sur le partage*
« *forcé des héritages ! Nous n'aurons*
« *pas besoin d'armées pour les détruire.* »

L'aberration légale, en effet, qui confisque l'autorité paternelle, avec la prétention outrageante de protéger *tous* les enfants contre l'injustice de *tous* les pères, vaut plus qu'une puissante armée au service de nos ennemis, puisqu'*elle supprime cent quarante mille Français par an !*

La loi néfaste qui désorganise la famille en découronnant le père, a pris naissance à côté de la guillotine, le 7 mars 1793, et cet infernal couperet, imaginé par lès fanatiques de la Terreur, a déjà moissonné mille fois plus d'existences que son rival.

Les hommes éminents que nous avons cités et beaucoup d'autres encore, tels que Benjamin Constant, Ch. Dunoyer, Troplong, Pinard, de Persigny, Legouvé, quarante et un députés de 1865, Taine, jusqu'à Renan, jusqu'à Edmond About, etc., ne comprennent pas l'aveuglement de ceux qui, abhorrant justement la transmission forcée des biens par droit d'aînesse, admirent et soutiennent la transmission forcée par voie de liquidation légale en permanence.

D'accord avec les pères de famille de

tous les peuples prospères, ils ne comprennent pas que les *sept millions et demi* de pères de famille français, souverains par droit de suffrage, supportent si longtemps l'injure et la tyrannie des législateurs successifs qu'ils se prodiguent depuis cent ans, se laissant dépouiller de leurs biens par une loi qui les déclare tous incapables de remplir la fonction de législateurs dans leurs foyers, contrairement aux coutumes du monde entier.

Les Américains ne comprennent pas un Etat démocratique opprimant, non pas une minorité — cela peut se voir partout, — mais la *totalité* des citoyens. C'est le maître méprisé, spolié, dominé et, chose singulière, fasciné par son valet.

Ce serviteur despote s'empare de nos enfants à leur naissance et les transforme en *créanciers* de leur père. Ces fils, ailleurs respectueux et soumis, chez nous enfants gâtés et créanciers vigilants, ont, de par la loi, le droit de surveiller leur créance, de discuter la gestion du débiteur et de poursuivre, trente ans durant après notre mort, toutes nos libéralités, même celles qu'ils auraient agréées au profit de l'un d'eux. Et nous sommes contents des services d'un tel mandataire ! nous disons que l'Europe nous l'envie !

Ne croyez pas à des exagérations de langage (1).

Les quatre mille disciples de M. Le Play sont prêts à nous démontrer, par le témoignage de toutes les autorités sociales et par les faits, que la loi du partage forcé, *c'est-à-dire la destruction de l'autorité paternelle*, est responsable de la dépopulation de la France et de tous les maux qui en découlent, et qu'elle rendrait impossible la guérison de nos plaies si elle n'était promptement extirpée de nos codes.

Je ne sais si la voix de notre maître, qui n'a cessé d'avertir ses contemporains qu'en expirant, pénètrera bientôt les masses

---

(1) Mais, direz-vous peut-être, la diminution graduelle de la natalité n'a-t-elle pas tout simplement pour cause une moindre fécondité de la race française ?

Erreur !

La race française du Canada est la plus féconde que l'on connaisse. Les 70 mille colons que nous avons laissés au Canada en 1763 avaient produit un million 500 mille Français en 1881. Les Français du Canada se sont multipliés 20 fois en 120 ans. (*Réforme sociale*, 15 mars 1885.)

Mais, direz-vous peut-être encore, n'y a-t-il pas là, tout bonnement, une question de climat ?

Nouvelle erreur !

Prenons deux autres colonies d'origine française, sous le même climat et sur un sol également fertile, les ravissantes îles de *Maurice* et de la *Réunion*, à l'est de Madagascar.

L'Angleterre nous a pris Maurice en 1814, et la population s'y est accrue jusqu'à deux habitants par hectare, tandis que la Réunion, restée française, n'en a qu'un !

La famille française se développe sous la protection respectueuse de la loi anglaise ; elle s'atrophie sous la tyrannie des institutions françaises, oppressives pour l'autorité paternelle et pour toute initiative privée.

d'où s'élève l'opinion qui s'impose au législateur et lui dicte ses délibérations.

Ce que je sais, c'est que les disciples de Le Play se multiplient dans le milieu des penseurs et parmi les hommes qui savent gagner la confiance et l'estime de tous les témoins de leurs œuvres, et qu'il a justement nommés les *autorités sociales.*

Pour moi, qui n'ai ni voix, ni souffle, ni autorité, ni renom, — je le déplore en voyant tant de vérités outragées à défendre — je ne cesserai de sonner le tocsin. Je sonnerai le tocsin sans relâche, avec l'espoir d'appeler des bras jeunes et vaillants pour aider à cette patriotique tâche, et d'obtenir le concours des voix capables d'émouvoir et d'entraîner les foules absorbées par le tumulte et par les distractions de la vie présente, puisque la vérité a besoin d'éclats d'éloquence pour dominer le bruit du forum, vaincre l'erreur et nous sauver.

P. C.,

*Membre du groupe lyonnais des Unions
de la Paix sociale,
et de la Société nationale d'Education de Lyon.*

LA DÉPOPULATION DE LA FRANCE

RÉSUMÉ & CONCLUSION PRATIQUE

Pressés d'émouvoir tous les cœurs patriotiques en ouvrant les yeux du public sur la plaie lamentable qui se nomme le *mal français*, nous avons voulu ne signaler, pour ne pas diviser l'attention, que l'une des *causes principales* de ce mal, c'est-à-dire le partage forcé des héritages, *par chaque nature de biens*, et avec une quotité disponible insuffisante. Cette cause est, en outre, la plus facile à supprimer, puisqu'il suffit pour cela, de changer quelques mots dans le Code civil.

C'est à ce double titre que nous la visons la première, sans méconnaître les autres, notamment la débauche, l'égoïsme, la recherche croissante du bien-être et l'amoindrissement du sentiment religieux, effets et causes en même temps de la désorganisation de la famille.

Au reste, nous sommes prêts à rechercher et à exposer *toutes* les causes de notre dépopulation relative, et *toutes* les conséquences, immédiates ou secondaires, du coup porté par la loi française à l'autorité paternelle.

Voici, pour le moment, en résumé, la formule précise des propositions que vous êtes prié de discuter :

1° LA DIMINUTION CONSTANTE DE LA NATALITÉ, DEPUIS LE COMMENCEMENT DU SIÈCLE JUSQU'A CE JOUR, EST UN MAL PROPRE A LA FRANCE.

2° LA LOI FRANÇAISE NE RESPECTE PAS ASSEZ L'AUTORITÉ PATERNELLE.

Il importerait qu'une enquête et un débat s'ouvrissent, dans toute la France, sur ces questions vitales agitées déjà parmi les savants, et que nous n'avons voulu qu'indiquer au public, en écartant toutes les exagérations, qui sont des formes de l'erreur et compromettent les meilleures causes.

Nous prions instamment nos lecteurs, surtout ceux qui ont une part de responsabilité dans la direction des intelligences et dans la formation de la jeunesse, de vouloir bien nous transmettre les opinions, les documents et les faits capables de combattre ou de fortifier les propositions qui précèdent.

Les communications pourront être adressées aux éditeurs, à Lyon, rue de Condé, n° 30.

Un programme précis d'enquête sera rédigé s'il le faut.

Nous n'avons ici qu'une passion, celle de la vérité et du relèvement de la France !

P. C.

ALMANACH DES MISSIONS

POUR L'ANNÉE 1886

Magnifique in-4° de 80 pages

ILLUSTRÉ DE NOMBREUSES GRAVURES

Imprimerie E. PARIS, PHILIPONA & Cie, r. Condé, 30, LYON

L'accueil fait à l'Almanach des Missions, de 1885, a prouvé que cette publication était venue à son heure et réalisait le vœu des nombreuses personnes qui s'intéressent à l'œuvre des Missions. Un succès marqué a couronné ses débuts.

Son programme, son format et son exécution irréprochable l'ont placé du premier coup au nombre des Almanachs les plus variés et les plus instructifs.

Celui de 1886 sera non seulement à la hauteur de son aîné, mais le surpassera par la multiplicité de ses renseignements, la variété de ses récits, le nombre et la splendeur de ses illustrations.

Les événements qui se sont accomplis pendant l'année 1885 en Chine, au Tong-King, à Madagascar, au Congo, au Soudan, y ont leur place.

Enfin de courtes biographies rediront les actes de ceux qui, par leur zèle et leurs travaux, ont mérité de prendre part au *Livre d'Or* des Missions.

Voilà le programme. Pour le compléter et faire droit au désir de nos lecteurs, nous avons ajouté une partie récréative et amusante.

Notons, en terminant, que la politique est rigoureusement exclue de notre Almanach.

CONDITIONS DE VENTE

1 Exemplaire...... **50 c.**; *franco* par poste..... **70 c.**

IMPRIMERIE GÉNÉRALE DE LYON

30, rue Condé.

L'IMPRIMERIE GÉNÉRALE DE LYON, par son installation spéciale, par la disposition de ses ateliers en 4 grandes galeries circulaires, par le nombre de ses machines typographipues (4 grandes machines et une pédale), par le perfectionnement de son outillage, est en mesure d'exécuter avec célérité et dans de bonnes conditions de prix tous les travaux dont suit la nomenclature :

Travaux d'Administration, Tarifs, Prix-Courants, Factures, Circulaires commerciales, Têtes de Lettres, Enveloppes, Lettres de mariage et de naissance, Catalogues et Almanachs illustrés, Programmes, Spécialité de Travaux de luxe, Titres de Sociétés financières, Actions, Obligations, Carnets de Chèques et Mandats pour Maisons de Banque, Journaux et Publications périodiques, Brochures, Mémoires, Thèses pour le Doctorat et la Licence, Lettres de décès, Cartes d'adresse et de visite, Prospectus, Spécialité d'Affiches pour Avoués, Notaires, Paroisses, Fêtes patronales, etc., de tous formats et de toutes couleurs.

1137. — Lyon, Impr. E. Pâris, Philipona et Cie, rue Condé, 30.